叨老师的

30天
说话训练

叨老师　著

机械工业出版社
CHINA MACHINE PRESS

沟通与说话，常常被描述为艺术，但本书作者更加强调它的技术性，即"有规律、可训练、熟能生巧"。在本书中，作者详解了青年职场人常用的90个人际沟通说话技巧。每个技巧简单易学、普遍适用，能够有效地帮助读者改善人际交往。

本书内容出自"叨老师说话训练营"在线学习社区，不只是作者个人经验的总结，而且是一套经过大量学员实践验证的沟通方法。通过特定训练，大量青年职场人不仅习得了这些技巧，而且成功地建立了自如交谈、有效共事的能力，扭转了曾经的社交窘迫。

这本书并不是要阐明什么深刻的道理，而是一本像菜谱和电器说明书一样的工具书。作者期待读者在翻阅两三个技巧之后，立即开始应用，体验效果、反复实践，最终达到自己所期待的说话目的。千万不要本末倒置地沉浸于阅读本身，而忽略了应用与实践。

图书在版编目（CIP）数据

叨老师的30天说话训练 / 叨老师著. — 北京：机械
工业出版社，2022.9（2024.6重印）
ISBN 978-7-111-71529-0

Ⅰ.①叨… Ⅱ.①叨… Ⅲ.①人际关系–语言艺术–
通俗读物　Ⅳ.①C912.13-49

中国版本图书馆CIP数据核字（2022）第162691号

机械工业出版社（北京市百万庄大街22号　邮政编码100037）
策划编辑：仇俊霞　　　　　　责任编辑：仇俊霞
责任校对：韩佳欣　王　延　　责任印制：郜　敏
北京联兴盛业印刷股份有限公司印刷

2024年6月第1版第6次印刷
127mm × 183mm · 4.625印张 · 86千字
标准书号：ISBN 978-7-111-71529-0
定价：49.80元

电话服务　　　　　　　　　网络服务
客服电话：010-88361066　机 工 官 网：www.cmpbook.com
　　　　　010-88379833　机 工 官 博：weibo.com/cmp1952
　　　　　010-68326294　金　书　网：www.golden-book.com
封底无防伪标均为盗版　机工教育服务网：www.cmpedu.com

前 言

也许，自从有了人，就有人思考如何说话。如今，教人说话的书籍，已经多到眼花缭乱，却往往都是空泛的"坐而论道"，而非具体的"动作分解"。

本书作者叨老师在国内、国际职场工作十余年，先后在美国佛罗里达州立大学、阿联酋阿布扎比大学、美国跨国公司沃特世、上海睿泰集团等多家国内外知名高校和企业担任学习设计师，之后在北京创立了"叨老师说话训练营"。作为一名资深的学习设计师，叨老师深刻观察了实际工作生活中的大量真实互动场景，详细拆解、归纳总结了 90 个适合青年职场人入门的说话技巧，并且在训练营中和学员们一起反复验证和打磨，最终，在本书中以图文并茂的生动形式呈现给广大读者。

"叨老师说话训练营"的内容体系总共包含20个大类、1000个具体的说话技巧，具有相对丰富完整的知识结构，能够有效地帮助学员告别不善言辞，系统地建立自如交谈、有效共事的能力。本书的出版，有助于读者对这一体系进行初步了解。这本书并不是对这一体系的全面阐述，而是一本训练手册，旨在与训练营活动相互辅助，帮助新学员们迅速、有效地提升说话能力，改善人际交往。读完本书，你会发现，这本书中的技巧，虽然有些可能会让你拍手称妙，但更多的，还是普通的、常见的技巧，谈不上什么醍醐灌顶或者精彩绝伦。事实确实如此，这本书的内容本就不是用来"欣赏"的，而是给你的"训练"指明方向——就像菜谱里写的"牛肉切成1厘米方丁"等技巧一样，读起来平平淡淡，只有实操之后，才会享受到成果和成就。

说话就像健身，需要反复练习。对于大多数读者而言，即便你并不是训练营的正式学员，也一样可以从本书中受益。本书的最佳学习方式并非单纯地阅读，而是需要寻找两名以上的对话伙伴相互合作地进行训练，并把90个技巧按照书中的顺序逐一进行应用。本书中五个阶段的内容——共处、互惠、摩擦、松弛、共事，是按照合作式学习模式中同学之间关系自然发展的阶段进行编排的。遵循这样的顺序训练下去，不仅你的说话技巧会有显著提升，而且你和对话者之间的关系也会随之加深。

这是一本阐述与人交谈的"动作分解"的书，是说话之"术"。然而，说话之"术"与说话之"道"，是相互依存、不能分割的。叨老师希望你在训练过程中，能够从"术"中发现"道"，进而在做好每一个"动作分解"的同时，更能真诚、互惠地与人交谈，用话语为我们的社会创造价值。

目录

CONTENTS

前　言

叨老师的
30 天
说话训练

第一阶段　

在"共处"阶段，你和训练伙伴们刚刚开始磨合，需要互相展示友好，努力实现可持续的共处。这一阶段，主要训练以下三类技巧："保持气氛，舒服得体""机敏接话，话不落地""表达观点，阐明立场"。这些技巧能够帮助你们开启一种彼此舒适的交谈模式，建立良好的谈话氛围，为后面更加深入的交流和训练打下基础。

在这一阶段，你的任务是"主题聊天"。也就是围绕着推荐的话题和训练伙伴进行聊天，聊天的过程中，自然而然地把当天学习的三个技巧应用出来，以达到练习的目的。

你的任务： 主题聊天

讨论以下话题，并在讨论过程中，主动将今日的
技巧应用出来。

推荐话题：

拼命挣钱或者随遇而安，哪个会使你更幸福？

确定称谓

技巧类别：保持气氛，舒服得体

您怎么称呼？

初次见面时，不要自作主张称呼对方为"哥""姐""老师""总"等，要主动询问一下应该如何称呼对方，这样，对方能够感受到你的尊重。如："请问您怎么称呼？""我可以称呼您李老师吗？""我看他们称呼您王哥，我也叫您王哥可以吗？"

　　沉默害羞的人常常会在开会时压制自己的观点表达。如何鼓励他们在会议上多发言呢？告诉他："非常好，接着说。"

　　"非常好"是对他完全认可，"接着说"是给他明确示意。"完全认可"和"明确示意"就是促成他们充分发言的关键。

在多人交谈的时候，有些人说话很少。这可能是由于他们没有找到插话的机会，或者跟大家还不熟，不好意思说话。这时候，如果你能察觉到他的困境，并且点下他的名字，邀请他说点什么，那么他可能就会很开心，也愿意讲话了，同时对你心存感谢。

这个技巧，考验你是否重视他人的表达权，是否在乎别人的表达欲，也考验你能否对他人的内心活动有所判断。

你的任务： 主题聊天

讨论以下话题，并在讨论过程中，主动将今日的技巧应用出来。

推荐话题：

如果很想买一件东西，但是买不起，是否应该使用分期付款或贷款？

是呀，我也注意到了，而且他们公司的股价今年一直在下滑。

张总是咱们最大的客户，但他们公司这几个月似乎开始逐渐减少采购了。

在交谈中，尤其是闲聊场合，对话通常不需要以一问一答的形式进行。当你在回答他人提问之后，不要以为"完事儿"了，而就此停止说话，可以有意地再增加一些新信息。比如：

小 A 问："你是做什么工作的？"

小 B 说："程序员。"这时候，小 B 可以接着增加信息："我已经做了 5 年程序员了，累了，正想转行呢。"

这样不断地增加新信息，就不容易"把天聊死"。

表达观点的时候，通常要避免过于绝对，不要轻易使用"肯定是""就是"等词语。哪怕是使用"我认为""我觉得"这样的主观判断词，也应尝试优先使用"是不是"的疑问句来"引导"对方接受你的观点。举个例子，原话是"我认为你的这个步骤是多余的"，改为："你的这个步骤是不是多余了？"

技巧 **6** "我稍微有个不同的观点"

技巧类别：保持气氛，舒服得体

我稍微有个不同的观点……

表达不同意见时，通常要弱化自己的观点表达，以避免触发他人的自卫本能，也为自己调整观点留有退路。可以这样说，"我稍微有个不同的观点"，把"稍微"两字强调一下。或者说"我的想法有点小小的不同"，强调"小小"二字。

你的任务： 主题聊天

讨论以下话题，并在讨论过程中，主动将今日的技
巧应用出来。

推荐话题：

追剧、追星、看球、打游戏等活动，是对人生有意
义的行为吗？

你们是怎么想的呢？

在和多人一同交谈的时候，多说"你们"两个字，也就是和在场的所有人互动。举例："我跟你们说啊……""那么你们怎么想呢？""你们说说这个事情合理吗？"这个技巧可以让每个人都感受到你正在和他交流、你重视他，从而对你产生良好的印象。

习惯于以"我"开头讲话的同学，尤其需要练习。当你能够真诚地询问、倾听他们的话语，而不是总想说"我觉得""我认为"时，你就已经摆脱了"自我中心"的困境。

当他人向你提问时，可以马上夸对方一句"好问题"或者"问得好"。这样的简短称赞，会让你给他人留下好印象，也会使自己多出一两秒的时间来思考如何回答，一举两得。

在和他人交流观点的时候，尽量避免一开口就说"但是、其实、不是"等否定性话语，例如上方插图中的反例。这些词语使用过多容易给听者形成"对抗感"，容易造成隔阂和冲突。举例：原句是"但是，你这样做肯定不对"，改成"那么，这样的话会不会产生问题呢？比如……"或者"同时，我们还得注意另一个问题……"。

这个技巧十分考验你能否放下"唯我正确"的思维，充分听取并理解他人的处境和思考过程。

你的任务： 主题聊天

讨论以下话题，并在讨论过程中，主动将今日的技

巧应用出来。

推荐话题：

如何才能快速地提高说话能力？

技巧类别：表达观点，阐明立场

> 王哥，我每天加班好累，难道我们人生的意义就是工作吗？

> 这是个好问题。我给你讲讲我上中学时的一件事，讲完你就懂了。

当别人的提问很复杂，你用一两句话说不清的时候，不要立即作答。可以直接举出一个例子或讲出一件事来，让对方自己去理解问题的答案。比如：

A 问："人生的意义是什么？"

B 答："这是个好问题。我给你讲讲我上中学时的一件事，讲完你就懂了"。

虽然问者无心，但有些提问是缺乏讨论的基础条件的。这样的提问会把交谈引向泛泛而谈、文字游戏、诡辩，甚至立场冲突。在日常生活中，为了交谈有效和有趣，应当有策略地处理这类提问。

技巧 11 先认同，再打断

技巧类别：引领对话，控场定调

> 医药行业这几年非常繁荣……

> 对的，没错。你一说医药，我正想问你，你父亲身体情况怎么样了？

在准备打断他人时，找到一个对方的"气口"，马上说句"对""没错"，这时候再说自己想说的话，就会让打断显得很自然。甚至，在他人还没有讲完话的时候，你就可以"使劲地"认同他，从而自然地把接下来的话语权转换到自己这边。

注意：插话时，你的音量、情绪不可以太弱，"对"要说得坚决，才更有利于接下来的打断。

经理老说我做事慢，哎，烦啊！

你是一个很注重工作质量的人。也正是因为工作质量很高，所以你总会投入过多时间。

指出别人错误的时候，同时指出是"你的某一优点"导致了你出错，使听者能在被夸奖的愉悦状态下接收指正的意见。比如："因为你是个行动力很强的人，所以你有时就出现了做事前准备不足的情况。"

注意：不要用"……，但是……"，而是用"正是因为（你的优点）……，所以（你犯了错）……"的句式。

你的任务： 主题聊天

讨论以下话题，并在讨论过程中，主动将今日的技巧应用出来。

推荐话题：

如何应对不听意见、唯我独尊的上司？

对于不痛不痒的闲聊，没有必要为了追求观点的正确而轻易否定他人，尽量地说"对"，顺着对方的思路说。这并不意味着人云亦云、没有主见，而是不制造无关紧要的争论。比如，A 说："我这病就是中医给看好的，中医就是比西医好。"B 说："对，有些疾病非常适合中医治疗。看到你好起来，我就放心了。"这种"能说'对'，就说'对'"的聊天方式，会使他人觉得你和他有共同语言，对你更亲近。

这一技巧不仅考验了你能否照顾他人情绪，更重要的是，它考验你的价值取向——考验你能否清晰地判断哪些问题值得与人深究，哪些问题无足轻重。

> 我们的压力好大！所有的工作都是我们部门在承担。

> 不全是这样的，我们正在给你们调配更多的支持。你们很辛苦！你们主动的额外付出我们很钦佩！

　　在拒绝或否定别人后，赶紧再称赞一句，可以抵消掉对方产生的不良情绪。比如："我们这次不会购买你们的产品，但你们的真诚还是给我们留下了很好的印象。"这样可以安抚对方的情绪，避免对方不满，为未来的再次沟通打下基础。

　　人际关系往往是个"兜兜转转的小圈子"，越往高处走，圈子越小。因此，拒绝和否定他人时，要给你们的关系留有余地。也就是"做人留一线，日后好相见"。

在与行业以外的人交流的时候，需要为对方清晰地解释术语，也要避免过多使用简称、行话等，以便让对方能够听得懂。当你主动地为他人解释术语时，他人也会感受到你的细心和关照。

这个技巧看似简单，但却要求你对术语本身和谈话对象都要有准确的理解。

DAY 06

你的任务：主题聊天

讨论以下话题，并在讨论过程中，主动将今日的技巧应用出来。

推荐话题：

中国人是否应该过"洋节"？

小张，你今天的演讲特别出色，提出了很多宝贵意见。同时，有些数据的引用还可以更准确一些。这样，你的观点就更有说服力。特别棒！期待你下一次演讲！

评价他人或者给他人指出不足时，用三层话语来表达：第一层，认可其可取之处；第二层，指出不足；第三层，再次认可。以此使对方感受到你不止是在指出问题，同时也在接纳、认可对方，这会让你的意见更容易被他人接受。

这个技巧来自西方教育界，中国人对类似的表达方式也有过精辟的总结，即"抽象肯定，具体否定"。也就是说，当你在做第二层"指出不足"时，要具体、明确，在第一层和第三层"表示认可"时，要抽象、概括。

别看我工作起来特严肃，但我私下其实是个"搞笑女"。

　　在交谈中，如果择机告诉对方自己是个什么样的人，就会比较快地让他人了解自己。也会显得比较直率，容易获得他人的好感。比如："我是个挺佛系的人。""我这人有点好面子。""我虽然说话不多，但我内心其实特别想和你们交流。"

你们看看咱们的招牌，明天客户来了会怎么想？人家可能直接扭头就走了。

　　当你不方便直接对他人提出质疑的时候，可以假装你替另一个人在思考、发问。比如，小 A 说："房价肯定会暴跌的。"小 B 说："我在想如果小 C 听到你的话，他可能会说'一线城市房价只涨不跌'的。"

DAY 07

第七天

你的任务： 主题聊天

讨论以下话题，并在讨论过程中，主动将今日的技巧应用出来。

推荐话题：

分享一下，这一年来，你的生活更美好了？还是更困难了？

哎呀妈呀，他对象老磕碜了！

在使用普通话交谈的时候，忽然穿插使用方言（也包括带着奇怪口音的外语），很容易逗笑大家。

这个技巧要在轻松的交谈氛围中进行，只有氛围合适，才能达成搞笑的效果。

好的交谈是需要互相"分享自己"的——我说说我的事，你也说说你的事。谁也别连续追问，谁也别刻意隐藏，都"拿出一点自己"，分享一下。

注意：如果对方不主动分享，那么你要主动发问；如果对方不主动发问，你也要主动分享。

你可以在前面便利店停一下车吗？

如果是你，我就可以。

答应给别人帮忙的时候，半开玩笑地告诉他，"如果是你（提出的请求），我就可以（帮忙）"。这种方式提醒了对方：我的帮忙"不是免费的"，但你仍然可以"免费获得"——既捧高了对方，也一定程度上捧高了自己。对方通常会因此对你心生好感。

叨老师的
30 天
说话训练

第二阶段

如果在上一阶段，你和训练伙伴们更多的是在聊天、交往，那么在"互惠"这一阶段，你和训练伙伴要把注意力更多地集中在技巧的训练上，切实做到互相督促、互相反馈，让每一次训练变得有效、有价值，使彼此能够从中获得"实惠"。

在这一阶段，你的任务依然是"主题聊天"，继续和训练伙伴们一边聊天、一边应用说话技巧。技巧应用的频率越高，你的进步就会越快。

你的任务： 主题聊天

讨论以下话题，并在讨论过程中，主动将今日的技
巧应用出来。

推荐话题：

哪样东西是你很想买，但一直没买的？为什么？

等我有了孩子，一定不让他玩游戏。应该把时间用在体育锻炼上，比如打打篮球什么的。

诶？我感觉你是一个考虑得比较长远的人？是不是？

当你想打断对方、转移话题时，可以说一句评论对方思维方式的话。比如，小 A 在滔滔不绝地谈论未来的子女教育话题："等我有了孩子，一定不让他玩游戏。应该把时间用在体育锻炼上，比如打打篮球什么的。"小 B 对此不感兴趣，于是可以这样转移话题："我感觉你是一个考虑得比较长远的人。"或者说："你好像比较喜欢体育运动，是不是？"然后，小 B 就可以自然地转移到其他话题了，比如他接着说："附近刚开了家篮球馆，有机会咱们一起去打球吧！"

我给你们讲，当时我就这样抱着一个箱子……

讲一件事的时候，不要总是平铺直叙地"讲讲讲"，尝试着把当时的情景表演出来，比如模仿事件中某个人物的语气、动作。用了这样的叙事方式，别人就更爱听你讲故事。

技巧 24 制造轻松幽默：微笑

技巧类别：肢体语言，面部表情

　　研究表明，在对话当中，彼此间同时微笑得越多，产生轻松、幽默氛围的概率就越大。所以，多微笑，带起轻松气氛，你或者他人才会创造更多的幽默。

　　注意：这里指的微笑应当是发自内心的，是自然情绪的流露。

你的任务： 主题聊天

讨论以下话题，并在讨论过程中，主动将今日的技巧应用出来。

推荐话题：

和办公室里的同事恋爱、结婚，是不是一个不错的选择呢？

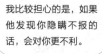

技巧 **25** "我比较担心的是"

技巧类别：保持气氛，舒服得体

我比较担心的是，如果他发现你隐瞒不报的话，会对你更不利。

王姐，我把客户资料弄丢了，我不敢让老板知道。

当你要否定对方意见时，先不要急于用"不行、不好、不可以"等直接否定。先尝试比较委婉的否定，比如用"我比较担心……"的说法。举个例子，你的伙伴 A 说："如果老板不给我涨工资，我就天天骂他。"你可以说："我比较担心的是，老板知道后，反而会对你不利。"

有些人在对你诉说或者向你寻求建议的时候，内心已有答案。你的否定意见不仅不会被听取，反而会激发对方的排斥。因此，用"比较担心"表达建议可以起到试探对方态度的作用，使你可进可退。

Jason，我有个事想
向你求助一下……

当你向他人寻求帮助的时候，不宜总说"帮我个忙"，试试"有个事向你求助一下"这个说法。"向你求助"是一个比"帮我个忙"更恭敬、更诚恳的说法，也更容易传达出你的恳切需求，不容易激起对方的抗拒，很适合在工作场合使用。

　　当你发现对方因为你说的某句话而发笑时，记住你说的这句话。稍后找机会把这句话再说一遍，对方很可能还会再笑一次。

　　这个技巧很适合不善于制造幽默，但又渴望制造幽默的小伙伴，是一个"搞笑的捷径"。

你的任务： 主题聊天

讨论以下话题，并在讨论过程中，主动将今日的技巧应用出来。

推荐话题：

在职场上，哪种人比较受欢迎？哪种人不受欢迎呢？

这次会议我们要形成一个书面的方案，列出步骤一二三，分工到人。

　　在进行比如开会这样的重要对话时，一开始就要明确你期待大家谈什么、不谈什么、要达成什么结果。即使你并不是对话的主要参与者，也可以用提问的方式把其他人的期待询问出来。只有统一了期待，对话才会有效，否则很容易变成"漫谈"。

你要等我几个小时，我今天上午脱不开身。

　　答应给同事帮忙之前，不要总是立刻答应，可以追加个小条件。比如，A说："帮我看看我的格式对不对。"B答："你要等我几个小时，今天上午脱不开身。"

　　屡次地"追加条件"之后，别人就不太可能把你当成招之即来、挥之即去的"工具人"了。这个技巧在任何协商或谈判中都可应用。

我说说我的观点，你来看看对不对。

在明知自己的观点有争议时，贸然说出观点会使自己成为大家攻击的"靶子"。因此，为了避开攻击，在提出观点之前，可以垫上一句话："我说一种观点，大家来看对不对。"这样垫话就把自己和观点本身做了切割，给自己留有退路。

你的任务： 主题聊天

讨论以下话题，并在讨论过程中，主动将今日的技

巧应用出来。

推荐话题：

聊聊你在工作中发生过的最大的一次冲突。

你别担心，他们不了解你才会指责你。你其实是非常优秀的！

　　当他人伤心难过的时候，或许是因为被指责了，或许是因为工作受到挫折，这时，如果你能在他刚刚开始纠结难过的时候，立即称赞他一句，他会感到很宽慰。这个技巧的要点在"及时"，称赞得越早，效果越好。

　　这个技巧对你的情绪察觉能力以及主动声援的意识有比较高的要求。

为了增加谈话的乐趣，可以刻意地使用一些拟声词，或者独创的口头禅。比如：用调皮的"hia hia"当作笑声；用夸张的、拉长音的"诶？"表示疑问；用"哎呀妈呀""哎哟喂"表示惊讶。

这个技巧并不限于活泼的年轻人或特定的身份角色，只要你需要为对话增加幽默，都可以找到适合自己的方式来使用这一技巧。

33 先明令要求，再礼貌询问

技巧类别：说服他人，支配指挥

赵哥你来回答一下。我请你回答一下可以吗？

有时，你在对他人提出要求时会陷入两难。比如：你作为办事员，早已为领导预订好会议室，却发现其他同事突然把会议室占用了。这时，你要先严肃直白地提出要求："你们好，这个会议室已经被预订了，请你们换个地方，好不好。"然后，立马再给个笑脸，客气询问："不好意思啊，可以换个地方吗？谢谢谢谢。"

先"明令要求"可以让对方感受到你的坚决，再立马"礼貌询问"，这样的叠加，既可以让对方意识到你的坚决，又可以让对方感受到你"给了台阶"，因此更容易配合你的要求。

你的任务： 主题聊天

讨论以下话题，并在讨论过程中，主动将今日的技

巧应用出来。

推荐话题：

聊聊你人生中最绝望的一段岁月。

虽然事已至此，但是只要我们齐心协力，一定会取得好的结果。

在工作场合，不管谈什么，始终要把对话结束在一个积极乐观的情绪上。比如，A 说："唉！这是连续第 3 个月业绩下滑了。"B 说："我们都不要灰心，现在才是考验我们战斗力的时刻！"

这个技巧需要你有主动调控气氛的意识，以及看到希望的能力，如果你做到了这一点，你就成了团队中不可或缺的角色——情绪师。

为了使对方感受到你是"自己人"，你要主动采用对方的用词。比如，对方用"机子"表示手机，A 说："我换了个华为的机子。"B 说："噢，我记得你原来用小米的机子。"有意使用对方的用词，可以缩短彼此的距离，让对方觉得你是"自己人"。

这样的技巧与其说是在迎合对方，不如说是在锻炼自己的观察力和包容心。只有在乎他人、包容他人的人，才能"听到"并且采用他人的说话方式。

这份报告是营销部门提交的。

营销部门的……

当他人有很多话要向你诉说时，或者他人在进行大段叙事的时候，你既要有所回应，也不宜打断或打岔。这时，可以用一些没有实际意义的接话词，比如，A说："生活真的太不易了。"B说："是吧……"再比如，A说："那天我穿得少了，后来就感冒了。"B说："噢，感冒了。"（重复对方的关键词）。

当自己没有特别的讯息想要表达时，这样的接话方式就会起到作用。或者说，这样能够表达出你在倾听对方。

你的任务： 主题聊天

讨论以下话题，并在讨论过程中，主动将今日的技巧应用出来。

推荐话题：

在工作中，提高业务技术水平和发展人脉，哪个更重要？

咱们要不先说说定价的事，之后再说说宣传推广的问题？

　　多人交谈时，发言的顺序是可以"拿上桌面"协商的。比如，小 A 说："咱们要不先说说定价的事，之后再说说宣传推广的问题？"或者，小 A 在跨部门会议上说："这样吧，我提议咱们先从营销部门开始发言，接着技术部门，然后客服部门，你们看可以吗？"如果不引导发言顺序，就会有人根本说不上话，或者某些人一直在占用说话机会。最后导致会议开展得混乱、低效，还会充斥着与会人员的不满。

这是目前全行业最低的价格了，最低的价格了。

重复地说某句话，是很有效的"洗脑"方法。当你想给他人灌输你的观点，或者想传达某种情绪时，只需要简单地重复就可以有意想不到的效果。重复可以出现在短短的一句话中，比如："那家店真好吃！真好吃！"另外，也可以间隔一段时间之后，重复一种思想或说法。

你有没有听过这样一种说法：处理人际关系的关键是靠"人际引力场"。

　　偶尔独创出一些新鲜、"高级"的名词，会彰显你思想的独特，会"带跑"他人的思维，使他们更容易听从你的思想和说法。

　　常见的造词方法是"重组"和"借用"。比如，"房价走势的关键在于'软性刚需'"。再比如，"处理人际关系靠的是'人际引力场'"。

DAY 14

第十四天

你的任务： 主题聊天

讨论以下话题，并在讨论过程中，主动将今日的技巧应用出来。

推荐话题：

聊聊你喜欢的知名人物，如：科学家、企业家、运动员、娱乐明星……

实话实说，我真的佩服你的口才。

　　当你在表达观点、抒发情感的时候，在说话前加上"实话实说"四个字时，通常可以给人留下真诚的印象。

　　当你使用这四个字的时候，你应当确实是在讲述事实或发自内心的真实看法，而不是为了掩盖谎言而刻意使用这一技巧，否则只会适得其反。

当有人让你分别评价另外两个人或者两件事的时候，你要格外注意。尽量不要拿一个和另一个去做比较，一方面会暴露自己的立场态度，另一方面还容易得罪人。比如，A问："你觉得同事小张和小王哪个性格好？"B说："这个比不了，各有所长。"

我正好想请教你……

　　在叙述或者发表观点时，要时刻观察其他人的反应，如果他人只是采取"嗯""哦""明白"作为回应或者沉默，这可能意味着坦诚的交流并未真正发生。那么你可能需要做出改变了。可以改换话题，也可以把情绪、态度变得更积极乐观，还可以把"讲讲讲"式的说教改成"请教对方观点"的探讨，比如："我正好想请教你，如果是你遇到这件事，你会怎么做？"

叨老师的
30 天
说话训练

第三阶段

在"摩擦"这一阶段，你的任务更多的是"应对冲突"。你和你的训练伙伴需要经历互相的施压和冲突。在冲突和压力之下，你们将磨炼出应对危机的说话技巧。在这一阶段的中间部分，也穿插了之前多次出现的"主题聊天"类任务。这样的安排是为了让你能够在连续多日的"摩擦"之中得以休息，平衡"摩擦"带来的压力。尽管如此，你还是应当充分利用这一阶段的任务，重点提高自己"化解危机，控场自护"的说话技巧，从而有效地应对各种摩擦和人际冲突。

你的任务： 应对冒犯

根据推荐话题，故意向其他伙伴"找茬儿""挑事儿"。以此，为彼此创造练习"应对冒犯"的机会。

然后，利用技巧，帮他人"化解危机"，帮自己"控场自护"。（不要愤怒、回骂、激化矛盾）

推荐话题：

就其他参与者的外貌、收入、婚恋、人际关系、健康等隐私问题展开话题。

嗯，我以前确实比较内向，但是我现在进步了很多。只要对团队有帮助，我完全可以克服自身的任何缺点。

他们说你特别内向、害羞、唯唯诺诺的。

　　当他人诋毁你时，你可以大度地、坦诚地承认"曾经"的你存在过问题，但是否认你"现在"依然存在问题。这样会使所有人看到你展现的坦诚，使你接下来的否认、辩解更加可信、有说服力。比如，小 A 当着大家对小 B 说："小 B，你知道领导说你什么吗？领导说你嘴笨，不会办事。"小 B 大度地回应说："嗯？我曾经确实比较冒失，但是现在的我早就不一样了，怎么能只盯着过去看呢？"

对于那些背后说我坏话的人，我能理解，但我真的替他们惋惜。他们本可以把精力用在工作上，做出更好的成绩，而不是浪费时间在嫉妒他人身上。

当别有用心的人对你展开攻击时，你可以"上升到上帝视角"去"怜悯"对方。比如，小 A 阴阳怪气地说："你知道吗？他们部门都不喜欢你，他们说你连普通话都说不好！"小 B 自信地说："我能理解他们，他们只能看到肤浅的表象，看不懂什么是真正重要的。他们其实很可怜，最需要有人去点拨。"当你放下争论，展现理解和怜悯的时候，你仿佛就站到了"上帝视角"，自信、完美且无懈可击。

有些身份标签是"有坑"的。原则上，你应该尽可能拒绝任何突如其来的标签，不管是好的还是坏的。比如，小 A 说："小 B 是我们团队的真正核心，他最能干了。"小 B 回应："别，没有大家哪有我，我的成绩都属于团队。"再比如，小 A 说："你们 00 后都很有拼劲。"小 B 回应："其实这个不分 00 后还是 90 后，只要在工作上认真负责那就都是好样的。"标签，会使你在他人眼中形成刻板印象，容易使你处处受到制约。

你的任务： 应对冒犯

故意冒犯、惹恼其他伙伴。以此，为彼此创造练习
"应对冒犯"的机会。

利用技巧，帮他人"化解危机"，帮自己"控场自
护"。（不要愤怒、回骂、激化矛盾）

推荐话题：

猜测彼此的恋爱情况、家庭关系、成长历程、心理
活动、性格缺陷、工资收入等隐私问题。

是的，我承认这个项目完成得并不完美，出现了项目超支情况。但是，这个项目的完成，对公司未来发展有重大意义，所以可以说，项目在宏观层面是十分成功的。

当你受到指责、冒犯的时候，不妨承认"一小部分"指责，同时否定"大部分"指责。比如，小 A 嘲笑说："你工资又不高，还用苹果手机，你不要太在乎面子了！"小 B 答："我确实是很喜欢苹果手机，但主要是因为我工作上需要用到苹果手机的系统。"先承认一小部分指责会让大家看到你的坦诚和开明，也同时让你接下来的"否认大部分"听起来更真实有力。

爽朗大笑

技巧类别：化解危机，控场自护

面对他人有意或无意的攻击，可以尝试以爽朗的大笑作为回应。对方可能会因为未能得逞而气势受挫，旁观者也会看到你内心的坦荡和自信。爽朗地大笑也为进一步回应赢得了思考时间。

注意： 笑，就要爽朗地笑、放声地笑，而不要扭捏地故作微笑，否则适得其反。

　　当你被人质疑、冒犯时，不必总是为自己解释，可以使用反问，并且要带着大大的笑脸进行反问。比如，小 A 说："啊？你在北京这么多年只攒下 3 万块钱啊？"小 B 满脸堆笑地反问："那你有多少钱？"带着笑脸反问既可以调转矛头，又仿佛是在开玩笑，既给自己解围，又不升级冲突。

你的任务： 主题聊天

讨论以下话题，并在讨论过程中，主动将今日的技
巧应用出来。

推荐话题：

职场"PUA"（欺压、控制等）应当受到谴责吗？
还是一种正常现象？

> 对不起，这段文字读起来还是比较唐突，还是得改一改。

在表达反对的时候，先说声"对不起"，然后再说反对的话语。比如："对不起，我有个不同的意见。"这个技巧适用于当你旗帜鲜明地反对别人时，先说"对不起"意味着你有考虑过对方的感受，降低了彼此产生敌意的可能。

当你迫不得已要说出攻击性的、极端的话语时，可以用"我不能说"的句式来开头，使自己免于被反击。比如："我不能说他们的观点毫无道理，但确实是值得再商榷商榷。"再比如："我不能说我的能力比所有人都强，不过我确实业绩很好。"套用这样的句式，让大家既听到了你的真实心声，又在语言表达上收敛了锋芒。让别人难以直接反驳。

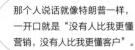

那个人说话就像特朗普一样，一开口就是"没有人比我更懂营销，没有人比我更懂客户"。

模仿他人，是很容易逗笑大家的。比如模仿某人的语气、语调、用词、金句、动作、表情等。

注意： 模仿应当在聊天气氛轻松时进行，不宜在严肃场合或者彼此不熟的情况下使用。

你的任务： 主题聊天

讨论以下话题，并在讨论过程中，主动将今日的技巧应用出来。

推荐话题：

你认为最美好的亲情、爱情、友情是什么样的？

有些人说话比较少、比较被动，他们在交谈中往往刚说了一句话，就开始等着别人来接话，期待别人引领对话。如果在场者都是这种风格的话，就很容易冷场。因此，当你发现你说的话没有被人迅速接话时，你可以再多说几句，避免冷场，也给他人留出思考时间。

注意：也不是说话越多越好，不要走向另一个极端。

哇，你说话好暖心，我感觉好像天使降临了。

　　传达谢意时，除了说"谢谢"，还可以表达喜悦情绪，比如："哇，你说话好暖心，我感觉好像天使降临了。"表达出喜悦的心情，甚至比说"谢谢"会更让对方感到开心；并且避免了滥用"谢谢"所带来的疏远感和客套感。

当你在工作场合业绩卓著，明显强于他人时，要善于承认自己幸运。比如："我取得的成绩其实有幸运的成分。"不宜表现出自己理所应当取得佳绩，这样容易触发他人的排斥情绪，导致形象受损。

特别是如果你遇到了爱嫉妒的同事，与其让他们揣测你走后门、找关系等，不如让他们去认为你"只是幸运"，反正这种人是不会相信你的成功是实力使然的。

你的任务：应对冲突

使用下面推荐的话题展开"有冲突的争论"，并应用今日的说话技巧应对冲突。

推荐话题：

女权主义值得鼓励吗？

弱势群体是不是"可怜之人必有可恨之处"？

面对他人的恶意中伤时，保持冷静，尝试使用下列话术，诱导对方自我怀疑、瓦解其斗志。比如：

"你这样真的好奇怪啊。"

"我第一次遇到你这样的人！"

"你觉得你这样对吗？"

"你知道你为什么错了吗？"

注意： 表现出冷静和泰然自若，不要轻易被他人激怒。

小张，这份资料能不能发我一份？

不好意思，这份资料涉及客户隐私，公司规定不让跨部门分享。

　　拒绝别人时，避免说"我不能""你不该"等主观理由，要尽量给出"你、我"以外的客观原因。比如，小A问："经理，可以给我宽限两天完成吗？"小B回应："对不起，宽限不了，因为哪怕晚一天，我们都要给客户支付违约金。"

　　青年职场人应当意识到：很多矛盾看似存在于两人之间，但事实上是团队的问题、公司和行业的问题，或是资源分配的问题，而非"你、我"之间的问题。发现这些"你、我"之外的客观因素，用它们来化解彼此之间的矛盾，是非常有效的说话技巧。

当对话难以推进，比如对方提出无礼要求或者对方情绪失控时，保持一段时间的沉默，也许可以缓和紧张的气氛，使对方"失去靶子"，逐渐无话可说。

注意：这里的沉默指的是彻底的无声、无动作、无表情、无眼神接触。

你的任务： 应对陷阱

提出有陷阱的封闭式问题，让他人"做选择"或
"回答是与否"。以此，为他人创造练习应对陷
阱的机会。

利用技巧，帮他人或帮自己"化解危机、控场自
护"。（不要愤怒、回骂、激化矛盾）

推荐话题：

你是不是瞧不起学历低的人，和来自农村的人？

我的追求始终是做一个有价值的团队成员。升职与否并不是我主要考虑的问题。

你觉得你今年会升职吗？

　　当你被问到"选择题"时，不要轻易按照对方的选项进行作答。比如，面试官说："你的风格是独立工作还是和大家协同办公？"这个时候，首先要告诉自己"跳出限定选项"，既不选"独立工作"，也不选"协同办公"，而是提出一个选项以外的答案。比如，应聘者答："解决问题是最重要的。只要有助于解决问题，不管协同还是独立，我都可以。"

你是不是也觉得咱们公司的新制度不合理？

说到咱们公司，咱们今年的目标就是稳中有进……

　　当聊到敏感问题时，没必要总是正面回应，你可以挑一个对方话语中并不重要的某一点、某一词进行接话。比如，小 A 问："你是不是也觉得咱们公司的新制度有问题？"小 B 接话："咱们公司今年的目标是稳中有进……"明明小 A 是在问"有问题"，小 B 却接"咱们公司"。这样"打岔"式接话，虽然他人可能会觉得你答非所问、莫名其妙，但是棘手的话题可能因此就被"划"过去了。

刚才我有一点说得不准确……

当你意识到自己说话有失误的时候（比如伤害了他人的感情），这时候应当赶紧更正自己。比如："刚才我有一点说的不对……"或者"哦，不对，我重说"。

注意：说错了话后，要敢于否定、纠正自己，敢于放下面子。如果"窟窿"不及时补上，后面的交谈可能会越来越困难。

你的任务: 应对逼迫

故意用言语逼迫其他伙伴。以此,为他人创造练习

应对冒犯的机会。

利用技巧,帮他人或帮自己"化解危机、控场自护"。

(不要愤怒、回骂、激化矛盾)

推荐话题:

追问他人的隐私,如: 收入、情史、出身、心理(试

图逼迫他人)。

你们部门都是大老爷，什么都想推给我们做！

你知道你为什么会有这样的想法吗？

当你被他人质疑、指责、逼迫时，避免过多地自我解释，比如"我其实……""我没有……""我……"，而要尽量说："你为什么……？""你怎么……？""你是不是……？"以此，把"战火"引向对方，迫使对方作答。比如，小 A 说："我真是没见过你这么笨的！赶紧的，把活儿干完！"小 B 说："你知道你为什么总是情绪失控吗？"

注意：不要轻易地愤怒，保持平静和理智，聪明地"把矛头调转"。

上次我帮你出了好多好点子，所以你拿的奖金是不是得分我一半呀。

哈哈哈，你这个小机灵鬼，就数你最调皮。

当你被人紧紧逼迫时，你要跳出这种气氛，反其道而行之——轻松地调侃、取笑对方。比如，小 A 说："你每月挣多少钱？说啊！我们都想知道，你到底挣多少钱？"小 B 答："哈哈哈，你看你就认识钱，想钱想疯了吧。"在逼迫的情况下，你越紧张，对方越舒服得意；相反，你越是轻松、越是调侃，对方越不知所措，甚至会开始怀疑自己。

技巧类别：化解危机，控场自护

当你遇到强劲对手时，虽然说不过对方，但你可以"坚守"，也就是反复重申立场，实现"不输不赢"的安全结果。比如：

小A："这份订单你不要做了，我来做。"

小B："这可不行，咱们是有分工的。"

小A："你为什么这么固执？"

小B："不行，这真的不行。"

注意：重申立场时，不需要给出新的理由、新的解释，以免给对手"递刀"，反而助长了对方的攻势。也不要发怒，要理性地重申立场。

叨老师的
30 天
说话训练

第四阶段　松弛

来到"松弛"这一阶段，你和你的训练伙伴们已经经历了"共处""互惠""摩擦"，你们之间的交谈氛围应当已经出现了一种比较舒服的"松弛"感。在这一阶段，你们会接触到更多不同种类的说话技巧，如："推近关系，感情升温""情节叙事，引人入胜"等。你们可以带着松弛的态度，去探索更多的技巧，成为更好的自己。

你的任务： 主题聊天

讨论以下话题，并在讨论过程中，主动将今日的技

巧应用出来。

推荐话题：

讲讲最近发生的一件十分糟心或开心的事。

与人交谈时，要主动发现彼此的共同点，这样可以使彼此产生好感，找到可聊的话题，快速拉近彼此关系。比如："我和你一样，也不太能吃辣。"

你看张总这个人，从来都是特别乐观。诶？你说这是不是跟他早年经历有关？

　　当你在叙事或说理时，在说到要点时，用上扬的声调说声"诶"字。这样可以唤起听者注意，还可以丰富你的讲述风格，避免平淡无趣。比如："那天我去逛街。诶，突然接到一个电话。"再比如，小 A 说："其实沟通能力和业务能力同样重要。"小 B 说："诶，说到点子上了！"

不聊对错，只聊感受

技巧类别：安慰开导，鼓励支持

当他人情绪低落时，不要急于评判对错是非，而是先聊情绪，先和他一起沉浸在那种情绪里待一段时间。比如，小A说："我们领导今天特别凶地骂我。"小B说："那你现在肯定特别难受吧。"这样的回应，使他人能感受到你的善解人意，从而在情感上寻求帮助和支持。

很多成熟的职场人，或者亲密关系中的男士，更愿意选择去解决问题，而非开导情绪，这个无可厚非。不过需要注意的是，情绪有时并不能随着问题被解决而自然解决，而是需要单独地安慰、开导、鼓励、支持。因此，试试"不聊对错，只聊感受"吧。

你的任务： 主题聊天

讨论以下话题，并在讨论过程中，主动将今日的技

巧应用出来。

推荐话题：

讲讲你的某位朋友。

你知道我为什么能坚持每天跑步吗？是因为……

　　讲述事情的时候，不必总是平铺直叙。偶尔抛出个问题，然后自问自答，会让人更听得下去。如："你看我的说话技巧最近是不是进步很大？这是为什么呢？因为我总是一找到机会就把技巧应用出来。"

当对方提起一个话题使你回忆起某些经历时，主动地把这些经历分享出来，可以让你们的交谈愉快、顺利地推进下去。

注意： 用这个方法接话，目的是为了呼应和鼓励对方继续，不要轻易反客为主，抢夺发言权。

在听人说话的时候，偶尔地总结、重述对方话语，寻求对方确认。比如，A 说："房价肯定要跌了。"B 说："也就是说，房子以后会一年比一年便宜？"使用这种接话技巧，不仅会让对方感受到你确实在认真倾听，还可以帮助自己梳理、记忆对方的话语，从而减少信息传递的误差。

你的任务: 主题聊天

讨论以下话题,并在讨论过程中,主动将今日的技

巧应用出来。

推荐话题:

聊聊你的"生财之道"。

简直不可思议！咱们公司今年的年会请到了顶流男团！

　　讲述事情的时候，先把情绪说出来，别人会更爱听。比如："公司这个新项目太疯狂了！我跟你说……"再比如："咱们绝地反击的机会要来了！"随后再表达你想要陈述的主体内容。

　　寻找机会，把称赞对方的话说给在场的其他人听，而不是直接夸赞对方。比如，A 说："我儿子拿了个一等奖。"B 对大家说："你们瞧，这就叫虎父无犬子。""把称赞的话说给第三人"，就相当于在为对方"打广告、做背书"，会使对方既感到暖心悦耳，又没有必须谦虚回应的"负担"。

　　如果你能够在讲话时有意识地控制声音的变化，那你就更容易引领起现场的气氛。比如：当你讲到某人的轶事时，故意压低音量、神神秘秘。又比如：讲到某些趣事时，声调故意上扬。相反，如果语气平淡缺乏变化，会很容易在对话中被边缘化。

你的任务： 主题聊天

讨论以下话题，并在讨论过程中，主动将今日的技巧应用出来。

推荐话题：

你心目中的那个"他 / 她"应该是什么样的？

把自己带入场景角色

技巧类别：表达观点，阐明立场

当你使用"如果是我的话，我会感觉……"这样的句式来表达观点的时候，会显得你在和对方的交流过程中比较"推心置腹"、比较"动之以情"。比如，A 说："好气人，我写了一个晚上的 PPT，领导只是随便看了一眼就说不行。"B 说："如果是我遇到这种事，我也会感觉好委屈，同时我也会请教一下领导，问问我的问题出在哪里。"

一方面呢，你的业务能力不错，大家都认可；另一方面，还是得处理好跟同事的关系。

　　"虽然……但是"的用法有时会遭人反感，用"一方面……另一方面"来替代会更加顺耳。比如："一方面呢，你业务能力不错，大家都认可；另一方面，还是得处理好跟同事的关系。"

我比较好奇的是，你的数据来源是什么呢？

　　当你向他人提问的时候，尤其是质疑他人时，可以用以下句式："我很好奇的是……"明确地说出自己"好奇"，可以降低对方的防备，不易让人感到自己受到挑战。相反，如果直接抛出"为什么""你是不是"等疑问句，有时会被理解为"质问"，容易引起不必要的麻烦。

叨老师的
30 天
说话训练

第五阶段 共事

最后这一阶段，称作"共事"。当你和训练伙伴们历经了"共处""互惠""摩擦""松弛"阶段之后，你们应当已经形成了一种有凝聚力的伙伴关系。在这一阶段，你们应当把曾经训练过的各种技巧综合运用，一起发挥出语言的力量，协作起来解决实际的问题。这些需要解决的实际问题，就将出现在这一部分的任务当中。

你的任务：了解对方

讨论以下话题，并在讨论过程中，主动将今日的技

巧应用出来。

推荐话题：

聊聊学生时代的一些往事。

假设三个月后，项目资金不够用了，你会怎么办？

当我们试图了解某个人的态度、价值观时，可以虚构一个场景，从中提问。比如：

面试官问："如果让你来当我们公司的总经理，你会首先做哪几件事？"

同事问："假设 3 个月后，这个项目的资金不够用了，你会怎么办？"

你认为谁接管我们部门会比较好？是张总还是李总？

当你想了解一个人的价值取向时，可以向他人提出"比较评价"类问题。比如，面试官说："你认为在工作中，提高业务水平和搞好同事关系，哪个更重要呢？"又或者，女朋友试探男朋友说："你觉得小媛和小晗，谁的性格更好？"

张经理，您今天表情特别严肃，有什么我可以帮忙的地方吗？

当你注意到他人的眉毛、眼神发生细微变化，你可以直接对其提问。比如："我看到你一直皱着眉头，你是不是在担心什么？"同样的方法也适用于询问对方的声音变化，比如："我注意到你刚才声音突然压低了，这是为什么呢？"这样的问话，可以获得话语之外的情绪信息，也同时传达了你对他人的在乎和关心。

你的任务： 协商决定

协商以下事项：假如叨老师邀请你们共同凑出一万元钱，投资给"叨老师说话训练营"项目，你们是否愿意现在就支付？你们每人同意承担多少投资额？

在协商的过程中，可以讨论以下话题，并在协商、讨论的过程中，主动将今日的技巧应用出来。

推荐话题：

什么样的项目是值得投资的？什么样的项目不值得投资？

当你和他人观点相悖、难以调和的时候，不必强硬推进。可以点名在场的其他人来发表看法。如果你点名了和你立场一致的人，他们就会成为你的"救兵"，帮助你制衡"对手"。如：

老公说："大过年的，让孩子多玩会儿吧。"

老婆说："寒假作业都没写完，玩儿什么玩儿。"

老公对丈母娘说："妈，您觉得孩子过年是不是得休息休息？"

您如果现在不赶紧买入的话，下个礼拜就不是这个价格了，那个时候您就得额外多掏 3000 块钱了。

协商事情的时候，不要只顾着说明自己提议的正确性，更要指出对方提议会引发的代价，比如强调它会"搬起石头砸自己的脚"，会给对方自身"带来损失"。比如，小 A 说："我们上报的预算应该再压低一点，这样容易过审。"小 B 回应："你这样后患无穷，钱最后不够用的话，他们都会说是你的责任。"

"中途变卦"是人际互动的常见现象，也有人在商务场合刻意变卦、牵制对手。因此，为了应对此类情况，商定事情的时候，要在最后追问对方是否已经把想说的话都说了，要确认对方不会变卦、不会追加条件等。比如："那就这么定了，不改了，是不是？"再比如："你的观点全部表达完了吗？表达完了的话，我要开始说了。"

你的任务： 自我揭露

讨论以下话题，并在讨论过程中，主动将今日的技
巧应用出来。

推荐话题：

在过去 28 天一起学习的日子里，你是否曾和某位
同学产生过误会、矛盾？

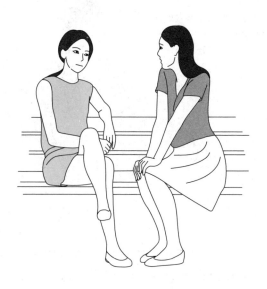

　　当你想充分交流，但对方却很少讲话时，很可能是对方
有所顾虑。你可以尝试先营造一个舒适的氛围。比如，当团
队中有人出现了失误，你可以说："我们现在需要很坦诚地
把问题指出来，我们都不要去指责某一个人，我们只对事，
不对人。要说有责任，我们作为一个团队，每一个人都有。"

我跟你说，我从来都是一个实干派。咱们别来回来去讨论了，开始干吧！

　　在和他人进行观点交锋的时候，如果双方都互不相让是很难分出胜负的。此时，可以采取"迂回战术"，即先说"我是什么样的人"来强化自己的可信度，再输出观点。比如，经理说："我说实话，你跟我好像不是一条心，是不是？"员工说："我来公司三年了，从入职的那天起，公司就培训我们要一切以客户为中心。我和您的目标始终是一致的……"

　　注意： 多花些时间做铺垫通常是值得的，既暂避冲突，又增加了自己的可信性。

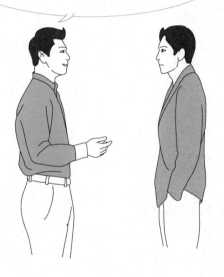

（轻柔的语气）老张，我打断你一下，你的提议很好，但是现在项目已经在进行当中，没有办法在这个时间点上变更方案。你看，你先保留意见，咱们时机成熟再拿出来讨论，好不好？

　　在纠正、反对他人时，为了避免伤及和气，可以刻意压低音量、采用十分轻柔的语气，避免过分伤及对方情绪。

　　话说得越重，语气就越要柔，这就是"重话柔说"。

你的任务：头脑风暴

讨论以下话题，并在讨论过程中，主动将今日的技

巧应用出来。

推荐话题：

一起发散思维，给"叨老师说话训练营"课程策划

三句广告语。

头脑风暴时，不要过早地否定任何人的意见，哪怕是完全不着调的意见；相反，要鼓励大家说出所有"着调"和"不着调"的主意。比如，你可以说："我们先做'加法'，把主意全都说出来。全说完没有遗漏之后，再做'减法'，从中筛选出合适的主意。"

我边想边说啊……叨老师的课程特点是什么呢？是实用……好像也不全是……

　　出声思考就是"想到什么就说出什么"，并且明确告知大家。这种方法不追求立即产生好主意，而是追求让别人能够直接观察到你的思考过程，并且帮着一起思考。比如："我边想边说啊……叨老师的课程特点是什么呢？是实用……好像也不全是……"当大家都能互相观察到彼此的思考过程时，大家的思考就更容易统一方向、形成合力。

尊重他人：不打断

技巧类别：印象管理，塑造人设

　　如果你需要给对方留下好印象，就要特别注意避免打断对方，不管对方是滔滔不绝还是慢条斯理，都应当等候对方表达完毕再说话。

　　如果你实在需要打断，可以说"对不起，我稍微打断一下"。或者先提出疑问，再顺势打断，如："那么你的意思是……这让我想起另一个问题……"

　　不打断，不仅是尊重对方，也挑战了你的倾听能力。反思一下，你在听的时候，是在等着自己的插话机会，还是真正地在去努力"听懂"对方的思维、立场、处境、深意等话外之音。

你的任务： 商议给叨老师写一封信

讨论以下话题，并在讨论过程中，主动将今日的技
巧应用出来。

推荐话题：

假如你们要一起给叨老师写封信，你会传达哪些信
息、分享哪些情绪、提出哪些建议，希望这封信产
生怎样的影响？

我发现咱们都好会聊天啊！

　　拉上伙伴一起自夸，可以让彼此的关系走得更近。比如：
"哇！我们太优秀了！""我发现咱们都好会说话啊！"

　　"贬己尊人"是传统意义上比较礼貌的说话方式，然
而，如今"尊己尊人"正在逐渐取代前者，成为现在更加被
推崇的人际沟通方式。"组团自夸"就是这一说话方式的体
现之一。

> 我们产品的定价是不是太低了？这个问题值得我们讨论一下。

当你试图引导话题讨论的方向，或者想要表达某种观点时，可以用"值得讨论"来做引导。比如："这里有个值得讨论的点……"再如："我们产品的定价是不是太低了？这个问题值得讨论一下。"

即使你不是领导者，只是一名普通员工，也可以尝试这个技巧，如："产品设计的细节是不是值得讨论一下呢？"

当你准备打断别人、切换话题时，可以对他的说话内容随便提个问题，等对方刚回答完，你就可以立即插话、总结一下，然后自然地转移话题了。如：

小 A 说："这个图片如果用蓝色背景就很好看，如果用绿色背景就不太协调……"

小 B 问："你觉得蓝色背景很好看是吗？"

小 A："对。"

小 B："确实挺好的。你一说这图的事，让我想起来我还得赶个 PPT 去，咱们回头有空再聊哈。"

叨老师的
30 天
说话训练

附录　

这本书来自"叨老师说话训练营"在线学习社区。训练营的学员们在轻松有趣的训练活动中，切实获得了人际交往方面的重要突破。

在本书的最后部分，与其由作者来做总结，不如让学员们来结尾。让我们来听听他们的心声吧！

叨老师：

　　您好！

　　转眼训练营已结束，大家都有些依依不舍。学员们从抱着试试看的心态，到慢慢获得启迪，最后，真实地看见自己的成长与进步，我们发自内心地感谢叨老师和这个平台。另外，我们希望我们的反馈能带来价值，帮助这个平台发展得更好，以下是我们大家想对您说的话：

　　我在对话中练习技巧，学习到了很多！以前我不敢说话，不知道说什么话，会选择通过沉默的方式来逃避。和别人起冲突时，不知道怎么处理，总是退让！这次的训练营，让我从观念上对说话有了新的认识，通过练习，说起话来变得更加自如了！对自己也有了新的要求！

　　在课上我认识了很多优秀的伙伴，他们的引导、陪伴和鼓励，在整个练习过程中给了我很大的信心，和伙伴们一起练习真的很轻松！

　　今天是最后一期课程，很不舍！还希望有机会在老师的指导下学习更多的说话技巧，有更大的进步。

　　说话是我们能送出的最好的礼物。我把参加练习以来的感受写出来，让叨老师看到我的进步。我想，这是我能送出最好的礼物！

——一念

叨老师：

训练营是我的一座避风港。不管遇到什么事，开心的也好，不开心的也罢，我都很愿意在这里分享。在这里我学会了如何顺利地、平心静气地跟别人沟通，也在一节节课上不停地反思了过往的经历。

听过一个说法——人的成长并不是看他经历了多少，而是看他如何理解自己的经历。这句话真的太有道理了。在课堂上跟大家的对话中，我突然领悟了过去十年的好多问题，包括为什么我老是不能好好跟别人交流，以及相处久了就容易发生口角闹矛盾等情况。

以人为镜，可以明得失。人生是一个不断认识自己，接纳自己，与自己和解的过程。我的人生目前就是这样一个阶段。叨老师，我虽然很少跟你聊天，但我真的觉得你做的事情非常了不起。它不仅仅是普通的线上交流活动，更是一个让大家努力主动学习、互相参照、共同进步的过程。没有人是完美的，大家在你"散养式"的教学方式中，有意无意中暴露问题、互相指正、自我发展，这是很棒的学习方式。虽然我们并没有跟你有过太多的直接沟通，但我们在这个课程中，通过从你整理的说话技巧、别人的语言及实时反馈中，能收获自己最想学到的东西，我觉得非常棒。

这次训练营让我体验了一种全新的学习方式，也收获了一群特别优秀的小伙伴同学。跟这么多优秀的人在一起学习，相信我也会越来越优秀。非常感谢优秀的叨老师给我们提供了这样的平台。

　　希望你能一直坚持做下去，继续产出好的作品，把更多更好的内容输出给观众。除了抖音、B站，还有今日头条、西瓜视频、小红书、快手、微信视频号等许多平台都可以发视频。你是有思想有内容的创作者，一定可以把训练营好好运营起来的。真羡慕你有这样的能量，带给那么多人积极的影响。感谢相遇，希望我也能像你一样聚集自己的能量并传递给别人，成为让大家都变得更好的那种人。

　　感谢相遇，感谢相伴。你教我的知识，未来的日子里我还要更多地练习和品味，坚决不还你了啊！

——水水